Il résulte de ces considérations quelques changements dans la présentation matérielle des Carnets qui sera désormais identique à celle de la collection des Calepins (et intégrera à l'occasion quelques éléments de normalisation).

Les données sont réparties en deux grands groupes de chronologies :
– celle des *œuvres* (de l'auteur étudié) réparties à l'intérieur de rubriques codées : selon qu'il s'agira, par exemple, d'œuvres originales publiées de façon autonome (A), d'œuvres autonomes d'un auteur autre ou d'ouvrages collectifs reprenant des textes ou comportant des contributions de l'auteur étudié (B), de publications d'écrits ou de propos de l'auteur faites dans des revues ou de ses propres collaborations à des périodiques (C), ou encore des traductions étrangères faites des œuvres de l'auteur quelle que soit la nature du support (E) – toutes autres catégories étant précisées à l'occasion. Les renvois à ces œuvres seront faits : au nom de l'auteur étudié, suivi de l'année (réduit à ses deux derniers chiffres s'il n'y a pas d'ambiguïté), de la lettre code de rubrique et du numéro d'ordre dans cette rubrique.
– celle de la *critique*, avec éventuelle mention d'une ventilation entre domaines linguistiques selon la langue dans laquelle sont *rédigés* les articles ou études mentionnés. Les articles anonymes sont classés en tête des années dans l'ordre alphabétique des titres des supports. Les lieux de publication des périodiques (éventuellement leur cote dans une grande bibliothèque pour les collections peu répandues) seront mentionnés dans les Index cumulatifs des périodiques ; ils ne sont précisés dans le corps des rubriques qu'en cas d'homonymie patente. Un gros point noir en tête de rubrique signale les volumes ou les périodiques intégralement consacrés à l'auteur étudié. Les renvois à ces critiques seront faits : à l'année, suivie du nom du critique servant de rubrique alphabétique à l'intérieur de chaque année.

*

La mise en place de ce nouveau système ne se fera pas sans quelque tâtonnement dans la réalisation technique. Nous remercions nos lecteurs de leur compréhension et espérons qu'une fois la période de mise en route passée nous pourrons mettre à leur service un instrument de travail à la mesure des possibilités que nous offrent les nouvelles techniques et à l'épreuve d'une informatique qui tout à la fois le suscite et l'entraîne.

Il n'en reste pas moins vrai aujourd'hui comme hier que la bibliographie ne sera jamais qu'une asymptote et c'est pourquoi je renouvelle à tout un chacun *utilisateur* d'être aussi à l'occasion un *collaborateur* en nous signalant tout complément, tout redressement qu'il estimerait pouvoir être utile à tous.

M.J.M.

Carnet bibliographique C.F. Ramuz

Œuvres et critique (toutes langues) 1975–1979

La présente bibliographie couvre les années 1975–1979. En ce qui concerne la période antérieure à 1975, l'ouvrage de Théophile Bringolf et Jacques Verdan, *Bibliographie de l'œuvre de C.F. Ramuz* (Neuchâtel, La Baconnière, 1975. 346 p.) reste la référence indispensable (sur le contenu de cette bibliographie, voir l'article de Jacquette Reboul dans le *Bulletin de documentation bibliographique* en 1976). La bibliographie à venir, dans la prochaine livraison, couvrira les années 1980-1981, et apportera quelques compléments à l'œuvre de Bringolf et Verdan.

Gérard POULOUIN

LA REVUE DES LETTRES MODERNES

les carnets bibliographiques de la revue des lettres modernes

C.F. RAMUZ
(œuvres - critique)

LETTRES MODERNES

MINARD

73, rue du Cardinal-Lemoine — 75005 PARIS
1983

---

les carnets bibliographiques de la revue des lettres modernes

---

présentés désormais sous la forme de fascicules indépendants, publient à l'intention des abonnés (souscription générale à la RLM ou souscriptions sélectives aux Séries) des données bibliographiques de base dont la saisie est mémorisée sur disque magnétique et qui, revues et complétées, constitueront peu à peu la matière plus élaborée de volumes à paraître dans la collection «Calepins de bibliographie».

*

Il s'agira pour l'immédiat, et pour l'essentiel, d'assurer la reprise des Bibliographies associées aux Séries monographiques — sans pour autant exclure la possibilité d'extension à d'autres domaines.

Nos motivations furent multiples ainsi que nous l'avions déjà précisé dans plusieurs livraisons de la RLM, à un stade de réflexion qui fut intermédiaire puisque nous avons pu depuis franchir une étape technique supplémentaire.

Désolidariser la mise en fabrication des volumes des Séries et celle de leurs bibliographies donnera plus de souplesse à la réalisation de deux ensembles dont les modalités de collationnement et les modes d'achèvement ne s'appariaient pas toujours.

Cela évitera aussi d'avoir à composer deux fois la matière première des bibliographies : une première fois pour les Séries, une seconde pour la synthèse publiée postérieurement dans les Calepins.

La mémorisation sur disques rendra possible la mise à jour permanente des données de base de chaque Carnet, les conservant accessibles, modifiables et cumulables jusqu'au moment où l'on décidera que leur volume, leur degré d'élaboration justifient de les éditer sous la forme cumulative d'un Calepin.

Du fait de cette souplesse, et moins asservis par le souci de ne rien figer dans l'imprimé qui ne fût affiné à l'extrême, nos bibliographes pourront plus à loisir, et pour la satisfaction des lecteurs, apporter avec moins de recul les premiers éléments de bibliographie courante.

Il serait vain de ne pas voir qu'un important travail de «remise à niveau» soit à faire pour assurer les liaisons entre les anciens et les nouveaux Carnets ; c'est pourquoi il n'est pas exclu que pour certaines Séries des blocs d'années antérieures prennent tout de suite la forme de Calepins autonomes.

1975

75A1

La Vie meilleure, roman suivi de *Les Âmes dans le glacier*, nouvelle. Lausanne, Éd. Couleurs, 1975. 160 p.
>   Voir 1975 TAUXE

75C1

« L'Histoire du soldat », adaptation de Devy ERLIH, *L'Avant-scène théâtre*, n° 574, 1ᵉʳ nov. 1975, pp. 35–42.
>   Texte du spectacle créé à Marseille en mai 1974, joué à Paris, au Nouveau Carré Sylvia Monfort, en 1975.
>   Voir 1975 DOUCELIN, LONCHAMPT.

75C2

« La Mauvaise grippe », *Bulletin de la Fondation C.F. Ramuz*, année 1975, pp. 5–8.
>   Reprend le texte de 1913 dans *Le Journal de Genève* (3 févr).

75C3

[Lettre de C.F Ramuz à Edmond Gilliard (Weimar, 1904),] *Bulletin de la Fondation C.F. Ramuz*, année 1975, pp. 9-10.

75C4

[Deux lettres inédites de C.F. Ramuz à Charles Baudouin (Pully, 15 septembre 1936, 14 mars 1938),] *Bulletin de la Fondation C.F. Ramuz*, année 1975, pp. 14–5.
>   La lettre du 15 septembre 1936 qualifiée d'inédite avait déjà été publiée dans *C.F. Ramuz, ses amis, son temps* (Lausanne-Paris, Bibliothèque des Arts, 1970), t. VI, p. 291, lettre n° 1181.

1976

76C1

«Trois portraits de filles» (I. La Grande Rose. II. La Pauvre Louise. III. Celle qui n'est pas contente chez elle), *Bulletin de la Fondation C.F. Ramuz*, année 1976, pp. 25–7.
> Reprend le texte de 1907 dans *La Voile latine* (sept.-oct.).

76C2

[Lettres à Jacques Rivière,] *Études de lettres*, «Jacques Rivière et ses amitiés suisses», n° 4, oct.–déc. 1976.
> Lettres des: 24 juin 1917, p. 19; 25 juin 1917, p. 20; 13 juill. 1917, p. 22; 6 févr. 1919, p. 66.

1977

77A1

Le Garçon savoyard. La Croix sur Lutry (Suisse), Plaisir de lire, 1977. 153 p.

77A2

Jean-Luc persécuté. La Croix sur Lutry (Suisse), Plaisir de lire, 1977. 148 p.

77A3

Salutation paysanne. Gravures originales de A. CHAVAZ. Lausanne, Éd. A. et P. Gonin, 1977. 84 p.

77C1

[« Préface » à *Farinet*,] *Bulletin de la Fondation C.F. Ramuz,* année 1977, pp. 5–8.
> Reprend le texte de l'édition de 1938 pour les Bibliophiles franco-suisses [Bibl. B.V. 39*b*].

77C2

[Entretien de C.F. Ramuz avec Paul Budry,] *Bulletin de la Fondation C.F. Ramuz,* année 1977, pp. 9–11.
> Reprend le texte de 1926 dans *L'Esprit romand* (15 oct.) [Bibl. B.V. 1210].

1978

78A1

Adam et Ève. Lausanne, L'Âge d'homme, 1978. 161 p.
(Coll. «Poche suisse», 4).
Voir 1979 CAHN.

78A2

Aline. Postface d'Hubert JUIN. Verviers (Belgique), Éd.
Marabout, 1978. 126 p. (Coll. «Bibliothèque Marabout romanesque», 1024).

78A3

Chant de notre Rhône. Gravure originale de Pietro
SARTO. Lausanne, Éd. A. et P. Gonin, 1978. 62 p.
22 ill.
Voir 1979 KUENZI.

78A4

Journal. Préface de Étienne BARILIER. Lausanne,
L'Aire, Fondation C.F. Ramuz, 1978. Deux volumes
464 p. 1, 1895–1920; 2, 1939–1947. (Coll. «Le Chant
du monde»).

78A5

Présence de la mort. Préface de Philippe RENAUD.
Lausanne, L'Aire, Fondation C.F. Ramuz, 1978.
144 p. (Coll. «Le Chant du monde»).

78A6

Raison d'être. Préface de Claude JAQUILLARD. Lausanne, L'Aire, Fondation C.F. Ramuz, 1978. 59 p.
(Coll. «Le Chant du monde»).

78A7

Des Saints, des sages, réflexions sur quelques hommes : Goethe, Juste Olivier, Rimbaud, Cézanne, Claudel. Introduction et notes de Gérard BUCHET. Neuchâtel, Ides et Calendes, 1978. 72 p. («Collection du Fleuron»).
Voir 1979 FABRE.

78A8

Salutation paysanne. Lausanne, L'Aire, Fondation C.F. Ramuz, 1978. 83 p. (Coll. «Le Chant du monde»).

78A9

Vie de Samuel Belet. Paris, Gallimard, 1978. 247 p. (Coll. «L'Imaginaire»).
Voir 1979 FOURNAU.

78A10

Si le soleil ne revenait pas. Verviers (Belgique), Éd. Marabout, 1978. 159 p. (Coll. «Bibliothèque Marabout romanesque», 1025).
Voir 1978 LOVAY.

78A11

Souvenirs sur Igor Stravinsky. Avant-propos de Pierre-Paul CLÉMENT. Lausanne, L'Aire, Fondation C.F. Ramuz, 1978. XIX-125 p. (Coll. «La Mouette»).
Voir 1979 CHOUET.

78A12

Vendanges, texte suivi de *Chant de notre Rhône.* Lausanne, L'Aire, Fondation C.F. Ramuz, 1978. 84 p.

78A13

Paris. Notes d'un Vaudois. Lausanne, L'Aire, Fondation C.F. Ramuz, 1978. 162 p.

78B1

Alexandre Cingria—C.F. Ramuz: Lettres 1900–1914.
Présentation, choix et notes par Gilbert GUISAN et
Doris JAKUBEC. Paris et Lausanne, Bibliothèque des
Arts, 1978. Deux vol. ill. 1, 1900–1914, 263 p.; 2,
1904–1914, 268 p.
  Voir aussi 78B2.

78B2

GUISAN, Gilbert, « C.F. Ramuz, Alexandre Cingria »,
Magazine littéraire, n° 141, oct. 1978, p. 79.
  Contient une lettre de Ramuz : *Weimar, avril 1904.*

78C1

« *Journal* de Ramuz 1923–1939, extraits inédits (fac-
similés) », *Alliance culturelle romande*, sept. 1978,
Cahier n° 24, pp. 7–12.

78C2

« Retour au pays : 6 lettres à Alexandre Cingria (1914-
1915) », notes de Doris JAKUBEC, *Études de lettres*,
n° spécial, 1978, pp. 77–86.
  Voir 1978 *Études de lettres.*

78C3

« Autour de l'*Histoire du soldat* : 4 lettres à René Auberjonois (1918) », notes de Doris JAKUBEC, *Études de
lettres*, n° spécial, 1978, pp. 87–93.
  Voir 1978 *Études de lettres.*

78C4

« Notes et extraits du *Carnet*, années 1900–1902 », Bulletin de la Fondation C.F. Ramuz, année 1978, pp. 5–8.

78C5

«Défense de Rousseau», *Bulletin de la Fondation C.F. Ramuz,* année 1978, pp. 13–20.

Reprend le texte de 1930 dans *Aujourd'hui* (n° 11, décembre) [Bibl. B.V. 279].

78C6

«Le Fleuve», *Bulletin de la Fondation C.F. Ramuz,* année 1978, pp. 21–3.

Reprend le texte de 1946 dans *La Gazette de Lauzanne* (6 juill.).

78C7

«Sous la lune», *Journal de Genève,* 23 sept. 1978.

Reprend le texte de 1905 dans *Journal de Genève* (4 sept.) [Bibl. B.V. 839].

78C8

«"Le Pays"», *Études de lettres,* n° spécial, 1978, pp. 35–53.

Huit versions manuscrites.
Voir 1978 *Études de lettres.*

78C9

«Hermance ou les grèves heureuses», *Études de lettres,* n° spécial, 1978, pp. 55–65.

Texte inédit. Suivi de la reproduction d'une aquarelle d'Alexandre CINGRIA, datée 1899, représentant le clocher d'Hermance (p. 67).
Voir 1978 *Études de lettres.*

78C10

«Hermance ou les grèves heureuses», *Études de lettres,* n° spécial, 1978, pp. 69–73.

Reprend le texte de 1905 dans *La Voile latine* (n° 3, avril). Un extrait de ce texte est donné dans *Tribune de Genève* (5 déc. 1978).
Voir 1978 *Études de lettres.*

78C11

«Le Gui sur le chêne», *24 heures*, n° spécial, 20 sept. 1978.

Récit inédit de la période parisienne, daté du 21 juillet 1914.

78C12

«Coucher de soleil», *24 heures*, n° spécial, 20 sept. 1978.

Récit inédit de la période parisienne, daté du 20 juin 1910.

78E1

Werke. Herausgegeben von Werner GÜNTHER. Frauenfeld, Huber, 1978. 6 Bd. 2930 p.

Voir 1978 WALLMANN.

1979

79A1

Derborence. Paris, Librairie Générale Française, 1979.
190 p. (Coll. « Le Livre de Poche », 3512).

79A2

La Pensée remonte les fleuves, essais et réflexions. Préface de Jean MALAURIE. Paris, Plon, 1979. 358 p.
35 ill. (Coll. « Terre humaine »).

> Titre tiré d'une page du *Journal* de Ramuz. Ordre des textes
> indépendant de leur composition par Ramuz. But de cette édition : « faire connaître les écrits philosophiques et politiques du
> grand écrivain ».
> Voir 1979 BARILIER OLIVIERI REY.
> Voir aussi 1979 MALAURIE *et* GUILOINEAU.

79A3

La Séparation des races. Paris, Nouvelles Éditions
Oswald, 1979. 184 p.

> Biographie, une photo de Ramuz.

79C1

Paul CLAUDEL—Charles Ferdinand RAMUZ, « Lettres »,
Présentation de Jean-Marie DUNOYER, *Bulletin de la
Société Paul Claudel*, n° 76, 4ᵉ trim. 1979, pp. 3–19.

> Une photo de H.L. MERMOD : « C.F. Ramuz et Paul
> Claudel ».
> Les lettres de Ramuz à Claudel datées du 8 février 1938 et
> 8 juin 1939 sont inédites.

79C2

« Un Article de C.F. Ramuz [consacré à P. Claudel] »,
Bulletin de la Société Paul Claudel, n° 76, 4ᵉ
trim. 1979, p. 20.

> Extrait d'un article de 1913 paru dans *La Gazette de Lausanne*
> (8 juin).

79C3

«Besoin de grandeur», *Bulletin de la Fondation C.F. Ramuz*, année 1979, pp. 3–7.

Texte différent du texte publié par Ramuz sous le même titre.
Introduction : «Un Inédit de Ramuz», par Gérard BUCHET.

79E1

«Bedürfnis nach Grösse», *Basler Magazin*, 21. Juli 1979.

Trad. du début du chap. IV de *Besoin de grandeur*.

79E2

[*Histoire du soldat*] [Trad. libre en allemand par] Hans REINHART. Saint-Gall, Éditions Erker, Franz Laresse et Jürg Janett, 1979. 81 p. ill.

Voir 1979 KAPPELER.

79E3

Aline. Traduzione di Gigi Colombo. Milano, Jaca Book, 1979. 121 p. («Già e non ancora.» Fiction 17).

Voir 1979 PAVESE.

79E4

[*La Séparation des races*] *La Separazione delle razze*. Traduzione di Giuseppe Zoppi. Bellinzona, Casagrande, 1979. 293 p.

79E5

[*Taille de l'homme*] *Statura umana*. Traduzione e notizia finale di Franco FORTINI. Reggio (Emilia), Ed. Città armoniosa, 1979. 87 p. («Exlibris», 16).

1975

BESNARD, A.-M., «Ramuz devant Dieu», *La Vie spirituelle*, t. 129, n° 611, nov.-déc.1975, pp. 931-2.
C.r. de 1975 OLIVIER.

BEVAN, David G., «C.F. Ramuz. The path and the poet», *Nottingham French Studies*, no.14, May 1975, pp. 20–30.

BEVAN, David G., «Ramuz ou le passage du poète», *French Studies in Southern Africa*, no.4, 1975, pp. 53–62.

● BRINGOLF, Théophile et Jacques VERDAN. *Bibliographie de l'œuvre de C.F. Ramuz*. Neuchâtel, La Baconnière, 1975. 346 p. (Coll. «Langages»).

DOUCELIN, Jacques, «L'*Histoire du soldat*», *Le Figaro*, 11 sept. 1975, p. 19.
> Critique sévère du texte prêté à Ferdinand Ramuz [*sic*!]. «*C'est* [...] *la musique de Stravinsky qui sauve ce fabliau...*»

GODEL, Vahé, «Du côté de chez Ramuz», *Études de lettres*, série 3, t. 8, n° 2, avril–juin 1975, pp. 1–27.

GODEL, Vahé, «... Le Roman doit être un poème», *Courrier international d'études poétiques*, n° 107, mai-juin 1975, pp. 9–20.
> Sur la poétique de Ramuz.

HOLMAN, Janine, «À propos de Ramuz», *Études de lettres*, série 3, t. 8, n° 2, avril–juin 1975, pp. 61-2.

JACKSON, John E., «Pour un Romand, écrire sur Ramuz est une gageure : trop d'intimité, pas assez de recul», *Journal de Genève*, samedi littéraire, 1er-2 mars 1975.
> C.r. de 1974 DENTAN [*C.F. Ramuz. L'espace de la création*. Neuchâtel, La Baconnière, 1974].

LONCHAMPT, Jacques, «L'*Histoire du soldat* au nouveau Carré», *Le Monde*, 10 sept. 1975, p. 13.
> L'auteur souligne la «force d'évocation» du texte de Ramuz.

OLIVIER, Francis, *C.F. Ramuz devant Dieu*. Paris, Desclée De Brouwer, 1975. 157 p. (Coll. « Les Écrivains devant Dieu »).
Voir 1975 BESNARD.

TAUXE, Henri-Charles, [c.r.,] *24 heures*, 5 août 1975.
RAMUZ 75A1 (*La Vie meilleure*).

VERDAN, Jean-Paul *et* Gérard BUCHET, « L'Activité de la Fondation [C.F. Ramuz] en 1974 », *Bulletin de la Fondation C.F. Ramuz*, année 1975, pp. 11-3.

VUILLEUMIER, Jean, [c.r.,] *Tribune de Genève*, 26 mars 1975.
1974 DENTAN [*C.F. Ramuz. L'espace de la création*. Neuchâtel, La Baconnière, 1974].

1976

BUCHET, Gérard, « Allocution du Président [de la Fondation C.F. Ramuz] », *Bulletin de la Fondation C.F. Ramuz*, année 1976, pp. 5-6.

DEVAUD, Jean, « Charles-Ferdinand Ramuz (1878–1947) », *Swiss American Review*, 14 Jan. 1976.

GILSON-BRONCKART, Nicole, « Une Page de Ramuz », *Cahiers d'analyse textuelle*, n° 18, 1976, pp. 92–106.
    À propos de *Derborence*, pp. 222–4 in *Œuvres complètes* (Lausanne, Éd. Rencontre, 1968), t. 14.
    Étude très précise d'un texte exemplaire de la maîtrise de Ramuz « dans l'art d'observer et de décrire ».

REBOUL, Jacquette, [c.r.,] *Bulletin de documentation bibliographique*, XXI, 1976, pp. 999-1000.
    1975 BRINGOLF-VERDAN.

1977

BERCHTOLD, Alfred, « Un Débat des années 30, Ramuz et l'existence de la Suisse », *Alliance culturelle romande*, Cahier n° 23, nov. 1977, pp. 96–102.

●BEVAN, DAVID G. *The Art and Poetry of Charles Ferdinand Ramuz (Reflections on Immobility and Movement in the Novels)*. New York, Cambridge, Oleander Press, 1977. VI-186 p. 4 pl.
 Voir 1977 FLAGG SPYCHER; 1978 CARRARD DAVID.

BOURKE, Léon, [c.r.,] *The French Review*, L, 1976-1977, pp. 650–1.
 1974 DENTAN [*C.F. Ramuz. L'espace de la création*. Neuchâtel, La Baconnière, 1974].

BOURQUIN, Michel, « Comment Ramuz voyait la Fête des vignerons : un film de Griffith à 30000 personnages », *Tribune de Genève*, 11 juin 1977.
 Même article paru dans *La Liberté* [Fribourg], 30-31 juill. 1977.

BUDRY, Paul, [Entretien avec C.F. Ramuz,] *Bulletin de la Fondation C.F. Ramuz*, année 1977, pp. 9–11.
 Voir RAMUZ 77C2.

CARRARD, Philippe, [c.r.,] *French Forum*, May 1977, pp. 188-9.
 1974 DENTAN [*C.F. Ramuz. L'espace de la création*. Neuchâtel, La Baconnière, 1974].

●DENTAN, Michel. *Ramuz "La Grande peur dans la montagne", analyse critique*. Lausanne, Foma et Paris, Hatier, 1977. 80 p. (Coll. « Profil d'une œuvre », 59).

FLAGG, James, [c.r.,] *Modern Fiction Studies*, XXIII, 1977, p. 681.
 1977 BEVAN, *The Art and Poetry...*

PARRIS, David L., « L'Emploi des pronoms personnels chez C.F. Ramuz », *Présence francophone*, n° 14, printemps 1977, pp. 149–60.

Conclusion de la première partie de *Person, tense, voice and some other grammatical features in the works of C.F. Ramuz.* Thèse d'Université, Oxford 1975.

RINGGER, Kurt, « Ramuz, ein Schrisftsteller zwischen zwei Welten », *Schweizer Monatshefte,* LVI, 1977, 76-77, pp. 988–1008.

SPYCHER, Peter, [c.r.,] *World Literature today,* LI, 1977, pp. 589-90.
    1977 BEVAN, *The Art and Poetry...*

TAYLOR, S.S., [c.r.,] *Modern Language Review,* LXXII, no. 1, Jan. 1977, p. 208.
    1974 DENTAN.

VERDAN, Jean-Paul *et* Gérard BUCHET, « L'Activité de la Fondation [C.F. Ramuz] en 1976 », *Bulletin de la Fondation C.F. Ramuz,* année 1977, pp. 13–5.

1978

(classement alphabétique des périodiques contenant des articles anonymes)
Journal de Genève
***, «Petite filmographie ramuzienne», samedi littéraire, 23-24 sept.

*

ADOUT, Jacques, «*Les Cahiers vaudois*», pp. 106–9 in *Alliance...*

●*Alliance culturelle romande,* cahier 24 [numéro spécial Ramuz], 24 sept. 1978. 184 p.
> Voir ADOUT, AMIGUET, BEAUJON, BEAUSIRE, BÉRIMONT, BERNHARD, BEUCHAT, BROCK-SULZER, BUCHET, CASSOU, CHAMSON, CHEVALLEY, CORNUZ, CUENDET, DUNOYER, DURUSSEL, FAVRE, FOSCA, GUISAN, JUNOD, KAECH, MERMOUD, MONNIER, MONTMOLLIN, MULLER-MOOR, NICOD-SARAIVA, NOURISSIER, OLIVIERI, PARATTE, PERROCHON, RACINE, RENAUD, RINGGER, RIVAZ, ROUSSET, SCHWAAR, VALLOTON, VERDAN, WALZER («Charles-Alber Cingria...»), WARIDEL, WEBER-PERRET, ZERMATTEN.
> Voir aussi WALZER, «Présentation...».
> Voir KUFFER, WALZER [c.r].

AMIGUET, André, «La Langue de C.F. Ramuz», pp. 47–50 in *Alliance...*

ANET, Daniel, «Ramuz et ses peintres», *Treize étoiles, reflets du Valais,* 27ᵉ an., n°8, août 1978, pp. 10–3.
> Photos Oswald RUPPON.

BARILIER, Étienne, «Réédition du *Journal*. L'expression constante d'une volonté : être Ramuz ou rien», *Journal de Genève,* 23-24 sept. 1978.
> Voir RAMUZ 78A4.

BARILIER, Étienne, «Préface» à RAMUZ, *Journal* [78A4].

BEAUJON, Edmond, «Ramuz confronté à l'époque nucléaire», pp. 27–31 in *Alliance...*

BEAUSIRE, Pierre, «La Poésie de l'existence chez Ramuz», pp. 25-6 in *Alliance...*

●BÉGUIN, Albert. *Patience de Ramuz.* Neuchâtel, La Baconnière, 1978. 103 p. (Coll. «Bibliothèque elzévirienne»).
>Rééd. de 1950 BÉGUIN [Bibl. B.V. 998].
>Voir VUILLEUMIER.

BÉRIMONT, Luc, «Ramuz du ciel et des montagnes», pp. 150-1 in *Alliance*...

BERNHARD, Roberto, «En Suisse allemande», pp. 139–41 in *Alliance*...

BEUCHAT, Charles, «Édouard Rod et Ramuz», pp. 104–5 in *Alliance*...

BONDY, François, «Ramuz. Missverständnis und Modernität», *Merkur*, 22. Jahrg., Heft 9, Sept. 1978, pp. 899–909.

BORGEAUD, Georges, «Charles-Ferdinand Ramuz», *Eaux vives*, n° 407, sept. 1978, pp. 22-3.

BORGEAUD, Georges, «Le Centenaire de Charles-Ferdinand Ramuz. Une œuvre rude et inquiète», *Le Monde* [*des livres*], n° 10471, 29 sept. 1978, p. 20.
>Un dessin de Bérénice CLEEVE.
>Histoire d'une œuvre, actualité de Ramuz.
>Repr. in *Le Monde* (*hebdomadaire*), n° 1561, 24 sept.– 4 oct. 1978, p. 12.

BROCK-SULZER, Élisabeth, «Traduire Ramuz», pp. 142–4 in *Alliance*...

BUACHE, Freddy. *Le Cinéma suisse.* Lausanne, L'Âge d'homme, 1978. 364 p. (Coll. «Poche Suisse», 3).
>Pp. 176–84: «Goretta – Films tirés de Ramuz». Commentaires sur Goretta et *Jean-Luc persécuté* (pp. 176–8), Discrens et *Le Garçon savoyard* (p. 178), P. Cardinal et *La Grande peur dans la montagne* et *La Beauté sur la terre* (pp. 178-9), Weyergans et *Aline* (p. 179), Kirsanoff et *Rapt* d'après *La Séparation des races* (pp. 179–82), Max Haufler et *L'Or dans la montagne* ou *Farinet* (pp. 182–4).

BUCHET, Gérard, Introduction et notes à RAMUZ, *Des Saints, des sages* [78A7].

BUCHET, Gérard, « Les Fêtes de Ramuz », pp. 77-8 in *Alliance*...

BUCHET, Gérard, « Adresse de la Fondation C.F. Ramuz », pp. 9-10 in Catalogue [*Ramuz*. Expositions. Paris, Lausanne (1978) et Bruxelles (1979)].

● *Bulletin*. Fondation C.F. Ramuz. Lausanne, Fondation C.F. Ramuz, 1978. 39 p.

CARRARD, Philippe, [c.r.,] *The French Review*, LI, no. 6, May 1978, pp. 904-5.
    1977 BEVAN.

CASSOU, Jean, « Lettre à Ramuz », p. 158 in *Alliance*...
    Fac-similé, lettre du 22 mai 1927.

CHAMSON, André, « Dernière rencontre », p. 152 in *Alliance*...

CHENAUX, J.-Ph., « C.F. Ramuz et Alexandre Cingria : les années de jeunesse. Une exposition vivante, suggestive d'un climat », *Journal de Genève*, 16 nov. 1978.
    C.r. de [RAMUZ] *Ramuz... et Cingria...*

CHESSEX, Jacques, « Une Province qui n'en est pas une », *Le Monde*, 12 mai 1978, p. 25.
    Article consacré au pays de Vaud, à la Suisse romande et ses littérateurs dans lequel Chessex reprend à son compte l'analyse de Ramuz. Un dessin de Jean-Pierre Cagnat intitulé « Chessex, Ramuz et Cingria ».

CHESSEX, Jacques, « Ramuz dérange », *24 heures*, 20 sept. 1978.

CHESSEX, Jacques, « Le Morceau de fromage et l'abrupt », *Les Nouvelles littéraires*, 56ᵉ an., nº 2653, 22–29 sept. 1978, p. 9.
    Hommage vibrant d'un écrivain.

CHEVALLEY, Étienne, « Stature de Ramuz », pp. 163–6 in *Alliance*...

CINGRIA, Hélène, « Centenaire de la naissance de Ramuz. La naissance de *La Voile latine* », *Construire*, 13 sept. 1978.

CINGRIA, Hélène, «Centenaire de la naissance de Ramuz. Au temps des *Cahiers Vaudois*», *Construire*, 20 sept. 1978.

CLAVEL, Jean-Pierre, «Préface», pp. 11-2 in Catalogue [*Ramuz*. Expositions. Paris, Lausanne (1978) et Bruxelles (1979)].

CLÉMENT, Pierre-Paul, «Avant-propos» à RAMUZ, *Souvenirs sur Igor Stravinsky* [78A11].

CLUNY, Claude-Michel. *La Rage de lire*. Paris, Denoël, 1978. 316 p.
> Pp. 229–33 : «Éloignement de Ramuz».
> Critique sévère de l'œuvre de Ramuz qui s'éloignerait de nous, en particulier en raison de son pessimisme outrancier et de son style surfait, à l'exception de *Vendanges*.

CORNUZ, Jeanlouis, «Ramuz et Buenzod», pp. 115–7 in *Alliance*...

COURNOT, Michel, «Ramuz ou l'arbre à plume», *Le Nouvel Observateur*, n° 727, 9–15 oct. 1978.
> Une photo.
> Cournot lecteur de Ramuz. Critique acerbe de l'exposition de la Bibliothèque Nationale.

CUENDET, Simone, «Le Pouvoir d'enfance», pp. 71–5 in *Alliance*...

●CUENDET, Simone. *Ramuz et le temps de l'enfance*. Préface de Henri DEBLUË. Chardonne (Suisse), Le Cantalou, 1978. 163 p.
> Une photo («C.F. Ramuz et Marianne»).

D[ADOUN], R[oger], «Ramuz, Bernanos à la B.N.», *La Quinzaine littéraire*, n° 288, 16–31 oct. 1978, p. 2.
> Article consacré à Bernanos. Une note précise la qualité des catalogues consacrés à Bernanos et Ramuz : « *Ce sont deux ouvrages* [...] *indispensables à ceux qui s'intéressent aux deux écrivains.* »

DAGUET, Dominique, «Centenaire de Charles-Ferdinand Ramuz», *Cahiers bleus*, n° 13, automne de 1978, pp. 117-8.

DASEN, René, « Projection de *Rapt* à l'occasion du centenaire. C.F. Ramuz et le cinéma », *24 heures*, 22 juin 1978.

DARBELLAY, Jacques, « En relisant Ramuz. Réflexions sur la littérature romande actuelle », *Les Échos de Saint-Maurice*, avril 1978, pp. 49–56.

DAVID, A.M., [c.r.,] *Journal of AUMLA*, no. 50, Nov. 1978, pp. 296–8.
   1977 BEVAN, *The Art and Poetry*...

DEBLUË, Henri, « Préface », pp. 7-8 in CUENDET, *Ramuz*...

DELLEY, Raymond, « Une Conférence à l'Université de Fribourg. L'image chez Ramuz », *La Liberté* [Fribourg], 1er-2 juill. 1978.

DENTAN, Michel, « Lire Ramuz aujourd'hui », *Journal de Genève*, 23-24 sept. 1978.
   Présentation de 11 réponses à un questionnaire : Écrivains romands, deux questions : Que représentait Ramuz à vos débuts d'écrivain et que représente-t-il aujourd'hui pour vous ? Quel est celui (ou ceux) de ses livres que vous préférez, et pourquoi ?

DENTAN, Michel, « Rêverie picturale », pp. 43–6 in *Alliance*...

DESPERT, Jehan, « Ramuz poète du Léman et écrivain français », *Le Cerf-volant*, n° 103, 4e trim. 1978, pp. 10–5.

DRUEY, Paul, « L'*Histoire du soldat* remontée à l'hôtel-de-ville », *Tribune de Genève*, 17 juill. 1978.

DUNOYER, Jean-Marie, « Les Gens d'en face », pp. 154-5 in *Alliance*...

DUNOYER, Jean-Marie, « La Suisse francophone et sa littérature : Ramuz, chef de file », *Le Monde* [*des livres*], n° 10351, 12 mai 1978, p. 24.

DUNOYER, Jean-Marie, « À la Bibliothèque Nationale : un peintre du langage », *Le Monde* [*des livres*], n° 10471, 29 sept. 1978, p. 21.
   Présentation de l'exposition. Bibliographie.

•DUNOYER, Jean-Marie. *C.F. Ramuz, peintre vaudois*. Neuchâtel et Paris, Éd. Fondation Le Grand-Cachot-de-Vent, 1978. 235 p.
Réédition 1959 DUNOYER (Éd. Rencontre) [Bibl. B.V. 1019].

DURUSSEL, André, « Villages et bourgs », pp. 87–9 in *Alliance*...

•*Études de lettres*, "*Pour un anniversaire. C.F. Ramuz né le 24 septembre 1878*", série IV, t. 1, n° 4 (spécial), oct.–déc. 1978. 96 p.
Voir GUISAN JAKUBEC.
Voir RAMUZ 78C2   C3   C8   C9   C10.

FAVRE, Pierre, « La Politique », pp. 95–8 in *Alliance*...

FERRARO, Dominique, « Scala de Milan. Une *Histoire du soldat* bien surprenante », *Journal de Genève*, 16-17 sept. 1978.

FONTANNAZ, Élisabeth, « Ramuz... l'homme trahi ? », *Bouquet*, 15 nov. 1978.

FORNARO, Cosimo, « A trent'anni della scomparsa : Ramuz cantore dei primitivi », *L'Osservatore romano*, an. CXVIII, n. 88, 16 Aprile 1978, p. 3.

FOSCA, François, « Ramuz et la peinture », pp. 91–2 in *Alliance*...

FRANCILLON, Roger, [c.r.,] *Revue d'histoire littéraire de la France*, n° 4, juill.-août 1978, pp. 672–5.
1974 DENTAN [*C.F. Ramuz. L'espace de la création*. Neuchâtel, La Baconnière, 1974].

GARCIN, Jérôme, « Ramuz le bienheureux », *Les Nouvelles littéraires*, 56ᵉ an., n° 2653, 22–29 sept. 1978, p. 9.
L'audience de Ramuz en France. Ramuz, sa légende, les qualités de son œuvre.
Une photo.

GUISAN, Gilbert, « C.F. Ramuz, Alexandre Cingria », *Magazine littéraire*, n° 141, oct. 1978, p. 79.

GUISAN, Gilbert, « Du "Lac" aux *Petits poèmes en prose* », pp. 36–8 in *Alliance*...

GUISAN, Gilbert, «Histoire du *Petit village*», pp. 5–33 in *Études de lettres...*
> Article associé à huit versions manuscrites de «Le Pays» dans un ensemble intitulé : Histoire d'un premier livre. Cf. RAMUZ 78C8.

GUISAN, Gilbert *et* Doris JAKUBEC, Choix, présentation, notes in *A. Cingria—C.F. Ramuz lettres 1900–1914* [78B1].

GYR, Ueli. *Die Fremdthematik im Werk von C.F. Ramuz.* Zur Bedeutsamkeit interkulturell-reflecktierter Ethnozentrik in der Literatur. Berne, P. Lang, 1978. III.349 p. («Europäische Hochschulschriften», Reihe XIX, Bd. 13).
> Thèse d'université Zurich.

HALDAS, Georges, «Un Style qui exprime l'homme tout entier», *Tribune—Le Matin*, 22 sept. 1978.

HALDAS, Georges. *Trois écrivains de la relation fondamentale : Pérez-Galdos, G. Vergas, C.F. Ramuz.* Lausanne, L'Âge d'homme, 1978. 107 p.
> Pp. 81–102 : «C.F. Ramuz».
> Voir 1979 KUFFER.

HOLMAN, Janine, «La Lecture de la trace et l'apparition de la morte-vive», *Littérature*, n° 29, févr. 1978, pp. 3–20.
> Étude d'extraits de *La Grande peur dans la montagne* et de divers textes de Ramuz; réflexions sur une poétique de la lecture dans l'œuvre de Ramuz.

IVERNOIS, Roger D', «Après avoir passé quelques semaines à Chandolin sur Sierre, c'est au petit village de Lens que tant de choses ont été révélées au grand Ramuz...», *Journal de Genève*, 10 oct. 1978.

JACQUOT, Jean, «Introduction [*Histoire du soldat*]», pp. 15–25 in «Théâtre et musique...».

JACQUOT, Jean, «*Histoire du soldat*. La genèse du texte et la représentation de 1918», pp. 77–142 in «Théâtre et musique...».
> Étude suivie d'un essai sur la fonction dramatique de la musique.
> Appendice : «Le Déserteur et le Diable», conte recueilli par Afanassiev.

JAKUBEC, Doris. Catalogue [*Ramuz—Cingria*. Expositions. Lausanne].

JAKUBEC, Doris, « C.F. Ramuz », pp. 13–20 in Catalogue [*Ramuz*. Expositions. Paris, Lausanne (1978) et Bruxelles (1979)].
  Pp. 13–7 : « Un Écrivain à la recherche d'un mode d'expression » ;
  pp. 17–20 : « Un Écrivain aux prises avec son temps ».

JAKUBEC, Doris, « C.F. Ramuz—A. Cingria : les mêmes questions essentielles », *Journal de Genève*, 23-24 sept. 1978.

JAKUBEC, Doris, « À Lausanne jusqu'au 19 novembre, la plus complète des expositions sur Ramuz, une vie de papier, oui, mais quelle vie! », *Journal de Genève*, 11 nov. 1978.
  C.r. [*Ramuz*. Expositions. Lausanne].

JAKUBEC, Doris, [c.r.,] *Journal de Genève*, 11 nov. 1978.
  Études de lettres.

JAKUBEC, Doris, [présentation de lettres de Ramuz à Alexandre Cingria et à Auberjonois,] pp. 77, 87 in *Études de lettres...*
  RAMUZ 78C2   C3.

JAKUBEC, voir GUISAN *et* JAKUBEC.

JAQUILLARD, Claude, « Préface » in RAMUZ, *Raison d'être* [78A6].

Journal de Genève, n° spécial, 23-24 sept. 1978.
  Voir BARILIER   DENTAN   JAKUBEC   MARTIN.

JUIN, Hubert, « Postface », pp. 117–26 in RAMUZ, *Aline* [78A2].

JUNOD, Roger-Louis, « Ramuz dans la littérature française », pp. 100–2 in *Alliance...*

KAECH, René, « Au-delà de l'anecdote et du poncif », pp. 178-9 in *Alliance...*

KOHLER, Arnold, « Une Exposition à Martigny. Ramuz et ses peintres », *Coopération*, 17 août 1978.

KORNICKER, Véra, « Ramuz écrivain de sève », *Le Figaro litté-raire*, 30 sept.-1ᵉʳ oct. 1978, p. 22.
> Une photo.
> Compte rendu de la « grande invitation » pour le centenaire à Cully.
> Bibliographie (quelques ouvrages parus en 1978).

KUENZI, André, « Émouvant vernissage à Heimisbach. "Ramuz et ses illustrateurs" », *24 heures*, 8 avril 1978.

KUENZI, André, « Au manoir de Martigny. Tous les illustrateurs de Ramuz à la cimaise! », *24 heures*, 16 août 1978.

KUENZI, André, « En marge du centenaire de Ramuz. Petite énigme autour de *Cirque* et de *Forains* », *24 heures*, 30 oct. 1978.

KUFFER, Jean-Louis, « Un Cahier substantiel de l'Alliance culturelle romande », *La Liberté* [Fribourg], 21-22 oct. 1978.
> Voir *Alliance...*

LOUZOUN, Myriam, « La Voix et la gestuelle dans la création d'une forme théâtrale, projection d'une forme narrative complexe : l'*Histoire du soldat* », pp. 143–77 in « Théâtre et musique... ».

LOVAY, Jean-Marc, « Les Prédictions d'un guérisseur », *Les Nouvelles littéraires*, nº 2653, 22–29 sept. 1978, p. 9.
> Résumé de RAMUZ 78A10 par un écrivain amateur de Ramuz.

MAIRE, Marguerite, « Conférence à Genève. Doris Jakubec parle de la dette genevoise de Ramuz », *Journal de Genève*, 14 oct. 1978.

MARTIN, Isabelle, « Pourquoi un numéro spécial C.F. Ramuz », *Journal de Genève*, 23-24 sept. 1978.

MASSARUT, Giuliana, « Spiritualità nell'opera ramuziana », *Culture française*, XXV, Luglio-Agosto 1978, pp. 139–41.

MATTER, Jean, « Pour en finir avec l'année Ramuz », *Tribune— Le Matin*, 30 nov. 1978.

MERMOUD, Albert, « Avec la Guilde du Livre », pp. 170–3 in *Alliance*...

MONNIER, Jean-Pierre, « Une Tout autre problématique », pp. 20–3 in *Alliance*...

MONTMOLLIN, Éric DE, « Pour prendre connaissance de l'œuvre de Ramuz », pp. 14–7 in *Alliance*...

MONTMOLLIN, Éric DE, « Un Esprit "religieux" », pp. 62–5 in *Alliance*...

MULLER-MOOR, Édouard, « La Musique », pp. 93-4 in *Alliance*...

MULLER-MOOR, Édouard, « En visite à "La Muette" », *Tribune—Le Matin*, 22 sept. 1978.

NICOD-SARAIVA, Marguerite, « L'Amour », pp. 67–9 in *Alliance*...

NICOD-SARAIVA, Marguerite, « Le Style, c'est Ramuz », *Tribune—Le Matin*, 24 sept. 1978.

NOURISSIER, François, « Un Aller-retour Lausanne–Paris ou le cadeau empoisonné », pp. 156-7 in *Alliance*...

OLIVIERI, Guido, « Ramuz ou la chose violée », *24 heures*, 20 sept. 1978.

OLIVIERI, Guido, « L'Homme », pp. 167–9 in *Alliance*...

PALANTE, Alain, « Centenaire de Ramuz, poète de l'authenticité », *France catholique—Ecclesia*, 11 août 1978, p. 14.

PARATTE, Henri-Dominique, « Résonance canadienne », pp. 136–8 in *Alliance*...

PARRIS, David L., « Le Monde vu par un artiste », *24 heures*, 20 sept. 1978.

PERROCHON, Henri, « Souvenirs », pp. 174-5 in *Alliance*...

PHILIPPE, Vincent, « C.F. Ramuz retrouvé », *Tribune—Le Matin*, 10 sept. 1978.

RACINE, Charles-Édouard, « Du "nouveau classicisme" à la peinture naïve », pp. 118–20 in *Alliance...*

[*Ramuz*. Expositions]
●[Paris] *C.F. Ramuz 1878–1947*. [Catalogue par Brigitte WARIDEL.] Bibliothèque Nationale, Paris, 20 septembre– 15 octobre 1978. Paris, Bibliothèque Nationale ; Lausanne, Bibliothèque Cantonale et Universitaire, 1978. 137 p., fig., pl., portrait, fac-similés.
    Voir BUCHET   (« Adresse... ») CLAVEL JAKUBEC (« C.F. Ramuz »).
    Catalogue identique pour [Lausanne] ; voir aussi 1979 [*Ramuz*. Expositions. Bruxelles].

●[Lausanne] *C.F. Ramuz 1878–1947*. [Catalogue établi par Brigitte WARIDEL.] « C.F. Ramuz a cent ans », Salon des Antiquaires, Lausanne, 9–19 novembre 1978. Lausanne, Bibliothèque Cantonale et Universitaire, 1978. 185 p., fig., pl., portrait, fac-similés.
    C.r. JAKUBEC (« À Lausanne... »).

[*Ramuz—Cingria*. Exposition]
C.F. Ramuz et Alexandre Cingria. Années de jeunesse. Lausanne, 27 octobre–2 décembre 1978, Exposition nº 129. Catalogue par Doris JAKUBEC, Lausanne, Bibliothèque Cantonale et Universitaire, Centre de recherches sur les lettres romandes, 1978. 47 p., fac-similés, bibliographie.
    Voir CHENAUX.

RENAUD, Philippe, « Le Règne de l'image », pp. 39–42 in *Alliance...*
    Passage du poète.

RENAUD, Philippe, « Ramuz, le mal entendu », *Magazine littéraire*, nº 141, oct. 1978, pp. 78-9.
    Une photo.
    Ramuz victime de lectures superficielles.
    Signification des recherches de Ramuz.

RENAUD, Philippe, «Préface», pp. 1–6 in RAMUZ, *Présence de la mort* (Lausanne, L'Aire, Fondation C.F. Ramuz, 1978).
RAMUZ 78A5.

RINGGER, Kurt, «Les Rendez-vous manqués», pp. 130–3 in *Alliance*...
La «réception» de Ramuz dans les pays de langue allemande.

RIVAZ, Alice, «Une Lecture à "La Muette"», pp. 160–2 in *Alliance*...

RIVAZ, Alice, «Dire les mots du plus grand nombre», *Tribune—Le Matin*, 22 sept. 1978.

ROUGEMONT, Denis DE, «Préface à la traduction américaine de *Présence de la mort*», pp. 32–5 in *Alliance*...
Texte inédit en français.

ROUSSET, Jean, «Une Rencontre paradoxale», pp. 79–81 in *Alliance*...

RYNGAERT, Jean-Pierre, «Remarques sur la mise en scène de l'*Histoire du soldat*», pp. 27–52 in «Théâtre et musique...».

SCHWAAR, Hans Ulrich, «L'Accueil bernois», pp. 134–5 in *Alliance*...

●SCHWAAR, Hans Ulrich. *C.F. Ramuz und seine Welt aus der Sicht seiner Illustrationnen*. Vorw. von Werner GÜNTER. Ostermundigen, Viktoria Verlag, 1978. 64 p.

SENN, Renée, «Ramuz et les enfants», *Tribune de Genève*, 13 oct. 1978.

TAUXE, Henri-Charles, «Raison d'être», *24 heures*, 20 sept. 1978.

«Théâtre et musique : études sur l'*Histoire du soldat* de C.F. Ramuz et Igor Stravinsky», pp. 11–177 in *Les Voies de la création théâtrale*, t. VI. Paris, Éditions du C.N.R.S., 1978. 511 p.
Voir JACQUOT (2), LOUZOUN, RYNGAERT, VACCARO.

THURRE, Pascal, « Ramuz valaisan », *Treize étoiles. Reflets du Valais*, n° 8, août 1978, p. 8.

Tribune—Le Matin, « Cent ans après sa naissance le 24 septembre 1878, Ramuz aujourd'hui », n° spécial, 22 sept. 1978.

VACCARO, Jean-Pierre, « La Musique dans l'*Histoire du soldat* », pp. 53–76 in « Théâtre et musique… ».

VALLOTON, Paul, « De la mort à la vie », pp. 176-7 in *Alliance…*

VERDAN, Jean-Paul, « De par le monde », pp. 126–9 in *Alliance…*
    À propos du rayonnement de l'œuvre de Ramuz.

VERDAN, Jean-Paul, « Les Manifestations du centenaire C.F. Ramuz », *Bulletin de la Fondation C.F. Ramuz*, année 1978, pp. 29–32.

VERDAN, Jean-Paul *et* Gérard BUCHET, « L'Activité de la Fondation [C.F. Ramuz] en 1977 », *Bulletin de la Fondation C.F. Ramuz*, année 1978, pp. 25-7.

24 heures, « Présence d'un grand poète : C.F. Ramuz », n° spécial, 20 sept. 1978.

VUILLEUMIER, Jean, [c.r.,] *Tribune de Genève*, 20 nov. 1978.
    BÉGUIN.

VUILLEUMIER, Jean, « Pour relancer les Éditions de l'Aire : un nouveau regard sur Ramuz », *Tribune—Le Matin*, 20 sept. 1978.

WALLMANN, Jurgen P., [c.r.,] *Neue Deutsche Hefte*, XXV, 1978, pp. 838–42.
    RAMUZ 78E1.

WALZER, Pierre-Olivier, « Coup d'envoi de l'année Ramuz à Heimisbach », *Journal de Genève*, 6 avril 1978.

WALZER, Pierre-Olivier, « C.F. Ramuz en images à Martigny », *Journal de Genève*, samedi littéraire, 16-17 sept. 1978.

WALZER, Pierre-Olivier, «Ramuz à la Bibliothèque Nationale de Paris. Hélas, peu de documents français», *Journal de Genève*, 23-24 sept. 1978.

WALZER, Pierre-Olivier, «Présentation du cahier n° 24 de l'Alliance culturelle romande consacré à C.F. Ramuz», *Journal de Genève*, 14-15 oct. 1978.
    Voir *Alliance...*

WALZER, Pierre-Olivier, «Charles-Albert [Cingria] et Charles Ferdinand [Ramuz]», pp. 110–3 in *Alliance...*

WANDELÈRE, Frédéric, «Le *Journal* de C.F. Ramuz», *La Liberté* [Fribourg], 28-29 oct. 1978.

WARIDEL, Brigitte, «Manuscrits et lettres : Le Fonds Ramuz de la Bibliothèque cantonale et universitaire de Lausanne», pp. 145–7 in *Alliance...*

WARIDEL, Brigitte. Voir [*Ramuz*. Expositions. Paris, Lausanne (1978) et Bruxelles (1979)] catalogue.

WEBER-PERRET, Myrian, «Éditorial», pp. 3, 5 in *Alliance...*

WEBER-PERRET, Myrian, «Portrait littéraire», pp. 122–4 in *Alliance...*

ZBINDEN, Louis-Albert, «Paris aux quatre vents. À la Bibliothèque nationale : lumière sur Ramuz, mais ombre sur Rousseau», *Tribune de Genève*, 27 sept. 1978.
    Même article dans *La Liberté* [Fribourg], 1ᵉʳ oct. 1978.

ZERMATTEN, Maurice, «La Montagne», pp. 83–6 in *Alliance...*

1979

BARILIER, Étienne, « Ramuz méconnu », *Construire,* 11 juill. 1979.

BARILIER, Étienne, « Ramuz, promeneur et penseur solitaire », *Le Monde* [*des livres*], n° 10715, 13 juill. 1979, p. 13.
C.r. RAMUZ 79A2 (*La Pensée remonte les fleuves*).

●BEVAN, David G.. *Charles Ferdinand Ramuz.* Boston, Twayne, 1979. 140 p. (« Twayne's World Authors Series », France TWAS 512).
Voir PARRIS (c.r. *French Studies*).

BORETTI, André, « La Folie de la vie de Charles-Ferdinand Ramuz », *Le Soir* [Marseille], 28 mai 1979.
Une photo (Stravinsky et Ramuz).

BORGEAUD, Georges, « Paul Claudel et Charles Ferdinand Ramuz en Suisse », *Bulletin de la Société Paul Claudel...,* pp. 23–5.
Borgeaud adolescent initié à Claudel et à Ramuz.

BOURQUIN, Francis, « Il y a un an déjà, Ramuz... », *Journal du Jura,* 20 sept. 1979.

BRON, Jacques, « Ramuz : le malentendu continue », *Information culturelle SPS* [Service de Presse suisse, Neuchâtel], 22 janv. 1979.

BRON, Jacques, « De la concierge de Ramuz... au langage vaudois », *Information culturelle SPS,* 9 avril 1979.

BUCHET, Gérard, « Un Inédit de Ramuz », Introduction à RAMUZ, *Besoin de grandeur* [79C3].

BUCHET, Gérard, « Adresse de la Fondation C.F. Ramuz », pp. 9-10 in Catalogue [*Ramuz.* Expositions. Bruxelles].
Voir 1978.

● *Bulletin de la Société Paul Claudel, "Hommage à Ramuz",* n° 76, 4ᵉ trim. 1979. 28 p. ill.

En couverture, deux dessins : un profil de Claudel par Félix Vallotton ; un portrait de Ramuz signé (illisible), mais non identifié au sommaire.

Voir Borgeaud Claudel Dunoyer Ziegler.

Cahn, Roger, [c.r.,] *Neue Zürcher Zeitung*, 13 juill. 1979.
Ramuz 78A1.

Chouet, Dominique, [c.r.,] *Tribune de Genève*, 20-21 janv. 1979.
Ramuz 78A11.

Claudel, Paul, « Hommage à Ramuz », *Bulletin de la Société Paul Claudel...*, pp. 21-2.

Reprend le texte de 1947 dans *Le Figaro littéraire* (31 mai) [Bibl. B.V. 1278].

Clavel, Jean-Pierre, « Préface », pp. 11-2 in Catalogue [*Ramuz. Expositions. Bruxelles*].
Voir 1978.

Dunoyer, Jean-Marie, [Présentation d'une correspondance Claudel—Ramuz,] *Bulletin de la Société Paul Claudel...*, pp. 3–5.

Durussel, André, [c.r.,] *Espace*, n° 44, mai 1979.
1978 Cuendet.

Fabre, M.-Th., [c.r.,] *Choisir* [Genève], n° 229, janv. 1979, p. 39.
Ramuz 78A7.

Falguières, Jacques, [Notes sur une mise en scène de l'*Histoire du soldat*,] *Le Mois à Caen*, n° spécial, 4ᵉ trim. 1979 [p. 7].

Notes du directeur du théâtre d'Évreux.

Fortini, Franco, [Notizia finale] in Ramuz, *Statura umana* [79E5].

Fournau, Pierre-Jean, « C.F. Ramuz : *Vie de Samuel Belet* », *La Nouvelle Revue française*, n° 320, sept. 1979, pp. 48–51.

GARCIN, Jérôme, « Le Modèle (réduit) suisse », *Les Nouvelles littéraires*, 7–14 juin 1979.

GUISSARD, Lucien, « Une Montagne de divisions », *La Croix*, 19 mars 1979.

HAGGIS, D.R., [c.r.,] *French Studies*, XXXIII, 1979, pp. 869-70.
1974 DENTAN [*C.F. Ramuz. L'espace de la création*. Neuchâtel, La Baconnière, 1974].

HOREMANS, Jean-Marie, « Introduction [à Ramuz dans les collections belges] », pp. 131–5 in Catalogue [*Ramuz*. Expositions. Bruxelles].

JAKUBEC, Doris, « Le Léman dans deux romans : *Vie de Samuel Belet* et *La Pêche miraculeuse* », *Polyrama*, n° 41, janv. 1979, pp. 26–8.

JAKUBEC, Doris, « C.F. Ramuz », pp. 13–20 in Catalogue [*Ramuz*. Expositions. Bruxelles].
Voir 1978.

KAPPELER, Waltrud, [c.r.,] *Zürichsee Zeitung*, 30 nov. 1979.
RAMUZ 79E2 (*Histoire du soldat...*).

KUENZI, André, [c.r.,] *24 heures*, 9 avril 1979.
RAMUZ 78A3.

KUFFER, Jean-Louis, « Haldas et les écrivains de la relation fondamentale », *La Liberté* [Fribourg], 16-17 juin 1979.
1978 HALDAS, *Trois écrivains...*

KUTTEL, Mireille, « Les Enfants dans l'œuvre de Ramuz », *Information culturelle SPS*, 19 févr. 1979.

KUTTEL, Mireille, « L'Enfant toujours présent dans l'œuvre de Ramuz », *Tribune de Genève*, 31 oct. 1979.

●MAGYAR, Miklós. *Ramuz világa*. Budapest, Ed. Europa, 1979. 149 p.
[Le Monde de Ramuz].

MALAURIE, Jean, « Préface », pp. 1–4 in RAMUZ, *La Pensée remonte les fleuves* [79A2].

MALAURIE, Jean *et* Jean GUILOINEAU, «Entretien», *Maintenant*, n° 15, 18 juin 1979.
Une photo de Ramuz et Stravinsky.
Voir RAMUZ 79A2.

MASSARUT, Giuliana, «Il Dialetto di Charles-Ferdinand Ramuz», *Culture française*, an. XXVI, n.1, Genn.-Febb. 1979, pp.9–11.

MONNAT, Roger, «Charles-Ferdinand Ramuz et Charles-Albert Cingria ou de l'antithèse», *Almanach catholique du Jura*, année 1979, pp.49–51.

MONNIER, Jean-Pierre, «Ce qui cesse d'être hors de l'homme et qui cependant est de l'homme», pp.167–82 in *Écrire en Suisse romande entre le ciel et la nuit*. Vevey, Éd. Bertil Galland, 1979. 214 p.

OLIVIERI, Guido, «Un "nouveau" Ramuz en librairie», *24 heures*, 24 avril 1979.
Voir RAMUZ 79A2.

PARKINSON, Michaël H., «The Rural Novel. Realism and the little community», *Neohelicon*, 7, 1979, n° 1, pp.261–6.

PARRIS, David L., [c.r.,] *French Studies*, XXXIII, 1979, pp.870-1.
BEVAN, *Ramuz*.

PARRIS, David L., «À propos du centenaire de la naissance de C.F. Ramuz», *Écriture française*, 1979, n° 1, pp.17–9.

PAVESE, Giovanni, «Perché Ramuz? Perché Aline?», *L'Osservatore romano*, an. CXIX, n.165, 21 Luglio 1979, p.3.
RAMUZ 79E3 (*Aline* en italien).

POULET, Georges, «L'Espace ouvert et l'espace construit chez Ramuz», pp.183–91 in *Hommage à Jean Onimus*. Paris, Belles-Lettres, 1979. 359 p. («Annales de la Faculté des Lettres et Sciences humaines de Nice», 38).

[*Ramuz*. Expositions]
● [Bruxelles] *Charles-Ferdinand Ramuz, 1878–1947*. Exposition organisée par la Bibliothèque Cantonale et Universitaire de Lausanne, avec l'appui de la Fondation C.F. Ramuz et la collaboration de l'A.S.B.L. Archives et Musée de la Littérature, à la Bibliothèque Royale Albert 1er à Bruxelles, du 17 février au 31 mars 1979. Catalogue rédigé par Brigitte WARIDEL. Supplément : « Ramuz dans les collections belges », par Jean-Marie HOREMANS. Bruxelles, Bibliothèque Albert 1er, 1979. 200 p. 41 pl.
> Voir BUCHET CLAVEL HOREMANS JAKUBEC.
> Voir aussi 1978.

REY, Henri-François, « Giono, Ramuz, Beethoven et les autres », *Magazine littéraire*, n° 146, mars 1979, pp. 53-4.

REY, Pierre-Louis, [c.r.,] *La Nouvelle Revue française*, n° 319, 1er août 1979, pp. 106–9.
> *La Pensée remonte les fleuves* [79A2].
> Remarque sur « l'habillage proposé » des œuvres de Ramuz. Réflexions très fines sur les préoccupations de Ramuz dans la décennie 1930–1940.

RIGASSI, Georges, « Humanisme de Ramuz », *Bulletin de la Fondation C.F. Ramuz*, année 1979, pp. 8–12.
> Reprend le texte de 1944 in *Gazette de Lausanne* (26 févr.).

S[CHULMANN], F[ernande], « Ramuz le questionneur », *Esprit*, n.s., 3e an., n° 1, janv. 1979, pp. 142-3.
> Article consacré à l'exposition de la B.N.. L'auteur loue son attrait et note l'abondance de témoignages d'écrivains majeurs. Le titre de l'article reprend celui d'un article d'Emmanuel Mounier paru en 1936 dans *Vendredi* (10 avril) [Bibl. B.V. 1901].

SUSSEX, R.T., « Ramuz and the Alps », pp. 95–109 in *Home and the homeland novels*, studies in french regional literature. James Cook University of North Queensland (Australia), Department of modern languages, 1979. 152 p.

WARIDEL, Brigitte, « Exposition C.F. Ramuz, peintre du langage », *Bulletin de la Bibliothèque nationale*, 4e an., n° 1, 1er mars 1979, pp. 38-9.

WARIDEL, Brigitte. Voir [*Ramuz*. Expositions. Bruxelles] catalogue.
Voir 1978.

WYDER, Bernard, «*Derborence* et Ramuz», pp. 67–72 in *Conthey, mon pays*. Conthey, 1979.
Six gravures de Germaine ERNST pour *Derborence*, datant de 1935 et restées inédites.

ZIEGLER, François DE, «Claudel et Ramuz poètes de l'incarnation», *Bulletin de la Société Paul Claudel...*, pp. 1–12.

LA REVUE DES LETTRES MODERNES

fut à l'origine (1954) un périodique consacré à l'« histoire des idées et des littératures »
sous la direction de Michel J. MINARD.
Actuellement, cette collection se déploie principalement en un ensemble de mono-
graphies constituées de volumes indépendants répartis dans les Séries :

configuration critique (1957→)
Apollinaire (1962→). Dir. M. DÉCAUDIN
Barbey d'Aurevilly
  (1966–1982) Dir. J. PETIT †
  (1983→). Dir Ph. BERTHIER
Gide (1970→). Dir. C. MARTIN
Malraux (1971→). Dir. W.G. LANGLOIS
Rimbaud (1972→). Dir. L. FORESTIER
Giono (1973→). Dir. A.J. CLAYTON
Mauriac (1974→). Dir. J. MONFÉRIER
Verne (1975→). Dir. F. RAYMOND
Jouve (1981→). Dir. D. LEUWERS
Hugo (1983→). Dir. M. GRIMAUD

Bernanos (1960→). Dir. M. ESTÈVE
Claudel
  (1964–1982) Dir. J. PETIT †
  (1983→). Dir. M. MALICET
Camus (1968→). Dir. B.T. FITCH
Cocteau (1970). Dir. J.-J. KIHM †
Max Jacob (1972→). Dir. J. DE PALACIO
Suarès (1973→). Dir. Y.-A. FAVRE
Céline (1974→). Dir. J.-P. DAUPHIN
Valéry (1974→). Dir. H. LAURENTI
Péguy (1980→). Dir. S. FRAISSE
Ramuz (1982→). Dir. J.-L. PIERRE

Mais, de façon complémentaire, et par un retour aux sources de la *RLM*, les Séries de
l'*icosathèque (20th)*
—*publication indépendante de 1974 à 1980*—
poursuivent l'exploration critique du XX⁰ siècle :

l'avant-siècle (les temps de la genèse : 1870–1914). Dir. L. FORESTIER
le plein siècle (d'un après-guerre à l'autre). Dir. M. DÉCAUDIN
le siècle éclaté (dada, surréalisme et avant-gardes). Dir. M. A. CAWS
au jour le siècle (vers une nouvelle littérature). Dir. B. T. FITCH
l'intersiècle (interférences et relations littéraires). Dir. P. BRUNEL

*Les projets d'études relevant de ces domaines peuvent être proposés aux Directeurs de
collection. — Les manuscrits non sollicités ne seront retournés que s'ils sont accom-
pagnés de timbres pour leur réexpédition. — Les opinions émises n'engagent que les
auteurs. — Dans toute correspondance joindre un timbre ou un coupon international
pour la réponse.*

Publié avec le concours du Centre National des Lettres

Éditions LETTRES MODERNES
73, rue du Cardinal-Lemoine, 75005 PARIS

Tél. : (1) 354 46 09

LA REVUE DES LETTRES MODERNES

=========== TARIFS ===========

SOUSCRIPTION GÉNÉRALE à toutes les Séries existantes et à paraître
(chaque livraison comporte un nombre variable de pages donc de numéros)

50 numéros **à paraître** : FRANCE – ÉTRANGER : **780 F**
(tarif valable de janvier à décembre 1983)

les souscriptions ne sont pas annuelles et ne finissent pas à date fixe

SOUSCRIPTIONS SÉLECTIVES :

Sans prendre une souscripton générale, il est possible de s'inscrire pour une souscription sélective à l'une des Séries afin d'être informé en temps voulu de la publication de chaque nouvelle livraison pour pouvoir bénéficier et du prix de faveur valable avant parution et du tirage limité des Carnets bibliographiques.

cette livraison de la collection
LA REVUE DES LETTRES MODERNES
ISSN 0035-2136
a été servie aux souscripteurs abonnés
au titre du numéro 658

carnet bibliographique C. F. Ramuz
(œuvres et critique, 1975–1979)

éléments réunis et présentés par Gérard Poulouin
1983

ISBN 2-256-90160-2 (02/83)
MINARD (tirage réservé) (02/83)